JN437402

왕도 안 부럽소

왕도 안 부럽소

나는 참 복이 많다!

사방을 둘러봐도 온통 복으로 둘러싸여 있다. 반생을 넘어 입문한 기독교에서 하나님의 사랑을 깨달은 복은 가장 큰 복이다.

가정에서는 남편이, 딸이, 아들, 며느리, 손자들이 모두 복덩이로 복주머니를 열고 매일 복을 내게 나누어준다. 친구복도 있어서 많지 않은 친구지만 한결같은 사랑을 나누어준다.

거기에 더해 평생을 외면하고 살아온 문학의 숲에 들어서서 숲의 향기로 무한 즐거움을 누리고 있는데 더하여 큰 스승을 만나 꿀 사랑을 받아먹으니 얼마나 큰 복인가?

내가 가당치 않을 것 같은 이 모든 복을 받으며 누리고 있으니 절로 '왕도 부럽지 않소'라는 노래가 나올 수밖에 없다.

| 차 례 |

제1부

망각이란 이름의 긴 여로

제2부

사랑과 고독의 뒤안길

제3부

그리워라 세월의 강 너머

제4부

별들의 향연

제5부

세월은 가면서 말한다

제6부

나를 위해 부르는 노래

제1부

망각이란 이름의 긴 여로

아름다운 석양은 말하네
내 비밀의 정원
눈을 씻고
손거울
정한情恨 아리랑
오늘 같은 날
팡 지 아수카르Sugar Loaf
철딱서니
안을 보는 안경
하룻밤의 꿈
아빌라 비치Avila beach의 달
길 따라
위도 좀 볼 걸
짓궂은 웃음
벽들이 허물어진다
빵
후회

아름다운 석양은 말하네

오래전,
그와 난 행복과 꿈을 몽땅 저당 잡히고
일방통행의 긴 구름다리를 건너왔네
아름다운 나라로

올 때는
당찬 각오로 화려한 풍선을 안고 왔지만
구름다리가 끝나자 우린
사막에 신발 없는 여행자였네
망망대해에 조각배를 타고 있었네

오자마자 깨달은 건
우린 한 발짝도 뒤로는 물러설 수 없는 몸
어떻든지 이 바다를 건너야지
다른 수는 없었네

그는 선장 나는 조수
그러나 우리는 둘 다
귀머거리, 반벙어리, 청맹과니
허리를 졸라매고 흔들리는 조각배의 짧은 노를
밤낮없이 젓고 또 저었네

바람 맞은 뼈들이 성글어가는 동안
꿈을 먹고 자란 까만 눈동자의 병아리들은
어느새 날개를 펴서 날아가고

노을이 물드는 잔잔한 물가에서
아직도
귀머거리 반벙어리 청맹과니를 다 벗지 못한 우린
젊은 독수리의 봄소식에 웃는다

아름다운 석양은 말하네
꿈도 행복도 찾는 게 아니었다고
처음부터 항상 곁에 함께 있었노라고

내 비밀의 정원

내가 공들여 가꾸는 비밀의 정원에
몰래 씨를 뿌린 자 누구요
넓지도 않은 내 마음의 밭뙈기

내가 알지 못하는 사이에
예서 제서 싹을 내밀고 뿌리를 뻗어
솎아내고 잘라내어도 속수무책
점점 깊이 뿌리를 박으며 나를 조여
숨이 막히오

누가 이 말뚝 좀 뽑아주오
이것들 때문에
평안한 밤을 보내지 못한다오

꽃도 열매도 아니면서
빠르게 번지며
번들번들 무성하고
독무대를 만드는구나

옳거니 물길을 막자
부단히 참으며 죽은 듯 마르자
가벼워지자

그다음에
몽땅 갈아엎고
새 밭을 일구자

눈을 씻고

책갈피에 넣어둔
작은 풀꽃 한 포기

화려하지도 않고
번듯하지도 않지만
아름답지 않은 건 아냐

산들바람에 춤추던 정교한 매무새에
섬세한 물길의 돋을새김 흔적이며
흙에서 젖을 빨던 세세한 실뿌리까지

눈을 씻고 다시 보니
한 생애가 담겼구나

손거울

만일
노중에 천사를 만나서
무슨 선물을 줄까 묻는다면
당신은 무엇을 원하겠어요

나는 이런 선물을 달라고 말할래요
무엇이나 잘 보이는
작아도 맑은
손거울 하나 갖고 싶다고

언제라도 꺼내서
내 얼굴 들여다보고
어디서라도 잠깐씩
내 모습 비춰보고

수시로 내 마음속을
요리조리 들여다보고
말끔히 청소해내고 싶다오

정한情恨* 아리랑

아리랑은
물소리
돌소리
물이 깎은 옥피리 소리

흰옷을 즐겨 입고 짚신 신던 사람들
속으로만 끓여온 못다 한 타는 정
종내는 한이 되어 알알이 맺혀

돌이 되고
쌓이고 쌓여
눌리고 눌려
액이 되고
새 돌이 되고

꽃잎 날아가는 세월의 눈물
흐르며 돌을 깎고
드디어 갇혔던 혼이 숨을 불어내
앓 이 랑

물소리 浪*
돌소리 硠*
물이 깎은
옥피리 소리 琅琅*
알알이 맺혀 朗朗*

흰옷 입고 짚신 신고
부르던 노래
앓이 랑 앓이 랑 알알이요
아리랑 고개를 넘어간다

수울술

* 정한(情恨) : 정(情)과 한(限).
* 浪 : 물결 랑, 눈물 흘릴 랑.
* 硠 : 돌 부딪는 소리.
* 琅琅 : 옥소리, 새소리, 아름다운 소리.
* 朗朗 : 소리가 매우 맑고 또랑또랑하다.

오늘 같은 날

가다가 어느 날은
어지러운 세상 소식 접어두고
일상의 숙제 덮어놓고
들꽃 어우러진 오솔길을
끝없이 걷고 싶다

가다가 어떤 날은
잡다한 상념들
달라붙는 걱정거리들
꽁꽁 묶어 옷장에 넣어두고
소리 없이 흐르는 푸른 강에
춤추는 은빛 물결을
진종일 앉아 바라보고 싶다

가다가
오늘 같은 날은

괴로운 짐 모두 싸짊어지고
호젓한 바닷가로 가서
하나씩 꺼내어 힘껏 던지고
거품 물고 바위에 부딪쳐오는 흰 물결과
소리쳐 싸우고 싶다

팡 지 아수카르Sugar loaf*

한 덩이 달콤한 빵이고 싶다
그대에게
피가 되고 살이 된다면

코르코바도* 정상에 우뚝 선 예수가
밤낮으로 팔 벌리고
안타깝게 이르는 말
주리고 목마른 자들아
다 내게로 오라
내가 너희를 푸른 초장
쉴 만한 물가로 인도하노라

미항의 정수를 갖춘 코파카바나 해변
천혜의 그 유명세를
광란의 환락으로 소모하는
삼바와 카사노바의 주술적인 정감

그 엄청난 광기에
소름 돋는 촌뜨기
오히려 몸서리친다

빵산 앞에서
거대한 예수상을 올려다보다가
햇빛에 반짝이는
예수의 눈물을 보았다

* 팡 지 아수카르: Sugar Loaf. 예수상과 마주 보고 있는 커다란 돌산. 불란서 빵을 뚝 잘라 세워놓은 듯 생겼다.
* 코르코바도: 브라질의 리우데자네이루에 있는 거대한 예수상이 세워진 산 이름.

철딱서니

어버인 배 고파도
허리띠 졸라매고
부단히 마련한 겨우살이

배 고파 본 적 없는 철딱서니들
추워서 못 견딘다고
촛불을 켜들고 쪼이려 한다
점점 더
기둥을 베어 아궁이에 넣으려 한다

겨우살이가 넉넉지 않아
겨우 겨우 살더라도
봄을 지나
보리고개까지 넘어야 하는데

말 많고 핑계도 많으나
생각이 짧고 온정이 없는
철딱서니들

이제
배 곯던 부모는 힘이 없고
배부른 철딱서니는 힘이 세니
어쩌나

아서라 그러면 못 쓴다
네 눈에 보이지 않을 양이면
내 말을 듣기라도 하렴
초가삼간 태워먹고
어쩌려는지

철딱서니들 힘은 좋으니
그들의 집을 다시 짓겠지

안을 보는 안경

세상을 좀 더 잘 보게 해주는
여러 가지 안경들

작아지는 졸보기
커지는 돋보기
컴퓨터까지 달린 구글 안경
초정밀 현미경
우주 망원경

밖을 보는 안경 말고
안을 보는 안경은 없을까

아무도 만들고 싶지 않겠지
제 마음부터
제대로 들여다보기 두려울 테니까

그러나 만일
누가 만들어내서
끔찍하겠지만
내 안의 참모습을 볼 수 있고
당신의 바람들도 볼 수 있다면

누굴 나무랄 수 있을까
종당엔
사랑과 용서가 그리도
어렵지만은 않을 것을

하룻밤의 꿈

병원에서 생사를 넘나들다
사십 일 만에 집에 돌아오신 노모
젊지 않은 아들이 물었다

집에 오시니까 좋지요
그러엄
근데 이게 얼마만예요
하룻밤 자구 왔지 머

오생 물감* 나오기 전에
이꽃 싱거서* 인물 드리구
붕낭구 따다가 붕물 드릴 때*

고무신 생기기 전에
짚신 신고 미투리 신을 때
일본 놈들 들어오기 전에
오롯이 나랏님만 받들고 살 때

긴 머리 자르기 전에
처녀도 총각도 치렁치렁 댕기머리 드릴 때
일 원도 큰돈일 때 엽전 셈하며

망국과 식민지
건국과 전쟁

낫 놓고 기역 자도 모르면서
매듭 많은 근세사 백년의
거친 소용돌이 한 세기를
어떻게 살아내셨을까

때때로 들리네
하룻밤 자구 왔지 머
괜찮아
하룻밤 자구 나면 다 별일 아냐

* 오생 물감 : 오색 물감
* 이꽂 싱거서 : 잇꽃 심어서
* 붕낭구 따다가 붕물 드릴 때 : 붉나무 따다가 붉물 드릴 때
* 백수하신 시어머님의 치매 이야기

아빌라 비치Avila Beach*의 달

동녘 검은 가슴을 헤치고
갈매기 날갯짓 사이로
봉긋이 솟는
농익은 망고의 속살

달고 향기로운 과즙을
밤바다에 한 방울 주르륵
찰랑이는 금물결 퍼진다

그물 걷은 고깃배도
곤한 잠에 들고
바람도 소리도 가라앉고
포구는 달빛 속에
한 폭의 그림

그 그림 속의 나
또 한 그림
오십 년 전 고향의 가을밤
첫 입맞춤에 혼비백산 중에도
달콤했던 그 잔상을
그리고 있다

* 아빌라 비치(Avila beach) : 캘리포니아 남부의 서해안 바닷가, 온천.

길 따라

마음 따라 눈이 머물고

눈길 따라 발길을 들어
발길 따라 논길을 걸어
논길 따라 밭길이 누워
밭길 따라 들길도 굽어
들길 따라 물길이 나와
물길 따라 뱃길을 저어
뱃길 따라 먼길이 이어
먼길 따라 산길이 숨어
산길 따라 눈길이 덮여
눈길 따라 발길이 고여
발길 따라 온 길이 멀어

온 길 따라 하늘에 닿아

위도 좀 볼 걸

밟아라 삼천리

내가 먼저
발 빠르게 밟아야 한다고
죽도록
어깨춤을 추어가며
땅만 보고 극성스레 밟더니

병들고 치인 몸

열심 탓인가
욕심 때문인가

옆도 좀 돌아보고
위도 좀 볼 걸

짓궂은 웃음

식구들 불러 밥상 앞에 모아놓고
따끈한 찌개와 생선이 군침 도는데

주걱을 들고 밥솥을 열다가
아차 내 정신 좀 봐
밥솥을 안 눌렀네

마주 쳐다보며 웃는 눈들
배고플 텐데 상하는 심정

찌개는 식어가는데
오가는 얘긴 점점 따뜻해지고
생선은 굳는데
분위기는 절로 포근해지고

내 얼굴엔 어느샌가
슬며시
짓궂은 웃음 번지고

벽들이 허물어진다

미국 나성에서 타향살이 삼십 년

타향이 고향이 된 우리 집 식탁에서
태어난 치기들

격식은 편한 대로 동서양 얼치기
너비아니는 포크 나이프로
샐러드는 젓가락으로

돌아가며 고루 먹어야 풀리는 식성은
입맛대로 나라별 두루치기
한국, 중국, 일본을 지나
불란서, 이태리, 남미, 중동으로

번지는 생각들은 오대양 걸치기
허기진 가족들의 튀는 말발이
어제와 오늘
동과 서
경계 없이 달린다

벽들이 허물어진다

빵

촉촉하고 말랑한 순한 밀반죽 덩이
불가마 속에서 숨차게 열받는다
터질듯 부풀어오른다

연약한 심성으로 모질게 견디며
조급한 성품을 질기게 참으며
죽어가며 살아간다

까만 시간들 다 태워
하얀 재 나르면

긴 터널의 끝자락에서
당당히 드러나는
곱절로 커진 모습
부드럽고 푸근한 색깔

우와
구수하게 군침 도는 냄새라니

후회

반쯤 눈먼 나
아침마다
고마운 안경을 정성스레 닦는다

때
먼지
얼룩

어젯밤 늦게까지 잘 썼던 안경이다
이렇게 더러운 걸 쓰고 있었나

차라리 눈을 감고
보지도 말고
아무 일도 하지 말걸

제2부

사랑과 고독의 뒤안길

노년의 축복

시절이 오기도 전에 서둘러 흉내 내던 유년
제철이 오기도 전에 계절을 앞질러 맞던 청년
가을이 오기도 전에 결실을 욕심 내던 장년
그 세월 다 어디 가고

가버린 계절을 쫓으려
세월의 꽁무니를 잡으려
시간이 모자라 탄식하는 노년

하지만
아무나에게 노년이 다 주어지나

달려갈 때는 보이지 않던 것들
뛰어갈 때는 볼 수 없었던 순간
가다가 서다가 천천히 쉬며 보자

보이는 이면의 것
들리는 이외의 소리
바람이 전하는 얘기들까지
온통
사랑스러운 숨결들로 가득한 세상

육신이 비록 투덜대더라도
웃으며 오냐 수고했다 받아주자

아무렴
노년이 아무나에게 다 주어지나

세세히 누리고 즐길 일이다
사랑할 수 있음을 감사할 뿐이다

어줍은 시

끙끙거리다가
처음으로 토해낸
어줍은 시 한 편

내게 한 좋은 친구 있어
내 시를 읽더니
팔짝 뛰며 좋아하네

한사코 감추려는 내게
일단 태어난 시 한 편은
생명이 들어 있어
내 것이 아니라고

깎고 다듬고 옷을 입혀서
햇빛 보고
자기 삶을 이어가게 하라네

이런 좋은 친구가 있음이
얼마나 위로가 되는지

그 눈물 내 가슴에

홀연히 손을 놓고 가버린 올케
무너지는 슬픔에 깔린 오라버니
헤어나오는 데 수년이 걸렸다

어느 해 가을인가 성묘 가던
코스모스 만발한 언덕길

지금은 어른이 된
두 살배기 큰 애를 안고
푸른 하늘에 흰 구름을 이고
활짝 웃던 올케의 그 모습

지금도 어딘가에 있을 빛바랜 사진보다
더 선명하다는
가을 안부와 함께 보내온 오라버니 사연

백발을 날리며 떨구었을
그 눈물
내 가슴을 적시네

양파가 싫어

난 양파가 싫어

곱고 매끄럽게 둥근 모습에
선뜻 다가가다가도
한 꺼풀만 벗기면
눈물 나게 찌르는 냄새가 싫어

씨도 없으면서 뭔가 있는 듯
맑은 얼굴로 웃고 있지만
겹겹이 싸고 앉은
앙큼한 그 시치미가 열나게 싫어

벗겨도 벗겨도 한 점 푸르름 없이
하얀 살만 드러내어
진한 피 한 방울도 안 나오는

남의 살 기어이 다 벗겨 먹고
열나게 미워하다가
문득
내 껍질은 질기게 못 벗고
겹겹이 누더기 옷만 걸친 나를 봤다

죽을 만한 각오로
질긴 허물을
한 꺼풀씩
양파처럼 훌훌 벗어버려야겠다

소나기

소나기가 쏟아지면
서둘러 옷을 벗고
알몸으로
풀밭에 나가고 싶다

불호령 듣고
뒹굴며
매 맞고 싶다

소나기에 씻긴 조약돌처럼
말간 얼굴로
무지개를 보고 싶다

생 벙어리

누가 내 눈에 들보를 좀 빼주오

남들의 흉도 티도 잘 보이던
멀쩡한 내 눈에
늦사리
예수가 들보를 박아넣었다오
이로 인해 평안한 밤을 보내지 못한다오

그가 어디 있는지 알려주시오
나 그를 다시 만나야겠소
내 그와 사생결단
씨름이라도 한 판 벌일 판이오

이 들보를 청밭에 무 뽑듯
쑥 뽑아내야
곧은 것은 곧다고
굽은 것은 굽다고
입을 뗄 수 있지 않겠소

장미의 불행

만 가지 자랑거리를 두고
한 가지 수치가 늘 불만인 장미

싹 다 감추고 싶고
제 살을 깎아서라도
없애버리고만 싶은 마음

원래는
장미나무에 가시가 아니고
가시나무에 장미인 걸
진즉 알았더라면
넘치게 행복할 것을

장미의 무지

장미의 자랑거리는 만 가지

아름답기론 세상의 으뜸
격조 높은 향기까지 일품

재주까지 좋아서
다른 꽃은 한 철에 한 번 피는데
봄부터 가을까지 쉬지 않고 피어
뭇사람의 사랑을 독차지하네

수치도 한 가지

제 몸에 무엇이 있는지 몰라
찔려서 피 흘리는 사람들
상처가 얼마나 아픈지 몰라

높고 푸른 하늘

두 손을 탈탈 털고
돌아서서
멀리 멀리 걸었소

빈 몸인 줄 알았는데
무거운 아픔을 지고 왔더이다

지쳐서 눈을 감고 누워버렸소
하늘이 다가와 포근히 나를 감싸고
속삭이더군

가슴속에 아픔을 꼭꼭 심어두면
자라서 성숙이 열린다고

실패는 중간 성적표
성공의 지름길
끝이란 처음부터 없는 것
새로운 시작의 시발점

생각에 금빛 날개를 달아주면
하냥 볼품없고 초라해도
내가 가진 돌이 빛을 낼 거라고

눈물이 마를 때까지
실컷 울어보라고
그리고
하늘이 얼마나 높고 푸른지
바라보라고

포착

한 무리 새가
투명한 가을 하늘에
심상치 않은 그림을 그렸다

까만 점들이 모여
삼각형에서 사각형으로
마름모가 되었다가
둥그런 원을 찌그려
타원이 되고
바로 하트가 되었다

무리 새가 날며
방향을 틀어 그림을 바꾸는 것
목적이 있었을까
병사의 전열을 가다듬는 것일까
그냥 날며 노니는 것일까

중요한 건 심히 목말랐던 내가
바로 그 순간을 포착하고
다이아몬드와 하트를
꼭
마음에 담았다는 거지

물

어디든
떨어지고
부서지고
깨어지며
더욱더 낮은 곳으로

어떻게든
제 모습 간데없이
받아주는 그릇대로

무엇이든
아무리 냄새나고 더러워도
제 몸으로 싸안아서 씻어주면서

쉬지 않고
낮아지며 흘러
스스로 맑아지면서

아낌없이
오늘도 생명을
온 세상 만물에게

누군가 널 위해

저만치 길섶에서
춥고도 긴 봄밤을
새도록 떨었을
난쟁이 들풀

찬 이슬방울 소중히 받아 안고
한 방울도 겨운 듯 떨군 고개

떠오르는 해에 눈을 맞출 때
이슬은 빛을 발하고
온 세상이 화안히 열려

온 밤을 맘 졸이다
엷은 웃음 머금고
살며시 물러나는
새벽별

하필

들락날락 맘 졸이며
잠 못 이루는 밤
무심한
아니 짓궂은 봄비는
줄기차게 그칠 줄 모르고

하필
고무나무 잎이 거기에 있어
세찬 낙숫물길이 네게로 향하고
아늑하고 호젓하고 포근했던
마침 딱 맞는 보금자리가 그만

내가 한 팔만 내밀어
한 뼘만 옮겨놓아도 넌
그 찬 물폭포를 맞으며 떨지 않아도 되는데
알들을 품었으니 비켜 앉을 수도 없구나

아무리 숨을 죽여 문을 열어도
내 뜻을 모르는 넌
당장 품고 있던 알들을 버리고
비통한 맘으로 날아가버리겠지

'하필'에 답은 알 수 없으니
설친 잠 밀어놓고
하필(下筆)*로 맘을 달래어본다

*하필(下筆) : 붓을 대어 쓴다는 뜻. 시문을 지음.

뜬소문

그네들은 솜씨 좋은 노련한 숙수
이 사람 저 사람 찾아다니며
입맛에 딱 맞게 밥상을 차려주는

아예 맛도 보지 말아야지
솔깃하여 씹어 삼키면 큰일
새끼 도깨비를 낳아야 한다

놈들은 하나같이 날랜 재주꾼
발 없는 말을 타고 천리도 잠깐
하릴없이 창칼을 휘두르며
군대로 돌아와 달려드는

허나 지레 겁먹을 일은 없지
불길도 파도도 날카로운 무기들도
모양새만 갖춘 한낱 바람
한번 지나가면 그뿐

도깨비들이 즐기는 장난

예절의 너그러움

부모의 정과 자식의 정을
어찌
같다 할까

부모의 임종은 꼭 지키라 하고
자식의 장례는 보지 말라던 예절

예절을 잘 지키는
예절의 규범이 보여주는
속 깊은 너그러움

침묵

침묵은 가슴속의 용광로
불순물은 태우고
정금만을 거르기 위해
스스로를 달구는

침묵은 마음속의 호수
끓어오르는 것들을 삭이고
고요히 가라앉혀서
말갛게 비쳐주는

침묵은 바닷속의 진주
아픔을 끌어안고
견디는 세월만큼 커지는 보석
물의 노래로 광택을 내서
은은하게 아름다운

행복한 겨울

지독히도 추운 이 겨울
부단히 참고 기다리자
꽃을 그리워하기보다
씨를 소중히 갈무리자

혹한의 긴 밤을 탓하지 말고
흐드러진 여름 지나
풍성한 가을까지
밑그림을 세세히 그려두자

겨울의 꼬리를 붙잡고 오는 봄
신부의 미소로 수줍게 앉았어도
가마꾼의 발길을 빌려
서둘러 오는 중

손 발 동동 시려도
부푼 기대로
가슴만은 뜨거워
행복한 겨울

제3부

그리워라 세월의 강 너머

첫사랑의 추억

사탕으로 만든
맑은 유리공
그 속에 켜진 작은 불꽃

보일까 봐
들킬까 봐
깨질까 봐

망설이고 뜸 들이다
종내 뱉지 못한
사랑한다는 말

별이 되어
평생
가슴 한 구석을 밝혀

따스하게
달콤하게
웃음 짓게

사랑한다는 말

사랑한다는 말은
마술 보자기

허물은 덮어주고
슬픔은 감싸주고

한 번 휘두르면
있다가도 사르르 없어지고
없던 것도 샘솟듯 생기는

꽁꽁 묶어두기도 하고
술술 풀어 나누기도 하고

보자기 한번 묶었다 풀면
안 되는 것 없고
못하는 것도 없는

신기한 마술 보자기
누구나 이미
가지고 있는

크레이터Crater 호수*에 연서를

한눈에 반해버렸소

첫눈에 놀라서 눈을 비비고
기쁨에
가슴이 터질듯 부풀어 올랐다오

그대는
가슴속 불기둥을 남김 없이 토해내고
고산 침봉의 눈부신 설산으로 운두를 둘러
낮은 세상의 먼지와 바람을 막은 뒤에
티 없이 맑고 맑은 심성으로 침잠

빛을
끝 모를 깊이로 받아들일 때
고운 하늘빛 빨려 들어가
고이고 고여 짙어진 남청색

준령의 높이만큼
호수의 깊이만큼
흔들림 없는 고요로 다져진
거대한 블루 사파이어 수면

차마 떨어지지 않는 발걸음
그 맑고 고운 푸른빛은
명징한 각인으로 내 마음에 새겨진
가슴 설레는 사랑

세상사에 마음이 어지러울 때
수시로 떠올릴 보석 같은 친구
위기에 찾아볼 큰 스승
불변의 확고한 신앙이 되었소

* 크레이터 호수(Crater Lake) : 미국 오리곤 주에 있는 화산 분화구의 칼데라 호수. Mt. Scott의 높이는 8,926피트로 백두산보다 조금 높다. 호수의 크기는 백두산 천지의 5.4배. 북미 대륙에서 제일 깊은 호수. 운두를 두른 준령의 빙설은 한여름에도 많이 남아 있어 마치 겨울 풍경 같다. 그럼에도 호수는 겨울에도 얼지 않는다.

아름다운 세도나Sedona* 1

땅의 내력

낮고 낮은 저 바다 밑에 있었습니다
제 무게로 흘러내리는 것들을
오랜 세월 다 받아 안았습니다

스스로 높아지고자 한 적은 없었어도
솟구쳐 미는 힘에 저절로 밀려
올라갔다 내려갔다 그러기를
억만년

천형의 벙어리 가슴에 응어리질
얼어붙은 빙하기
쌓인 눈이 얼음이 되고 또 쌓이고
무거움을 견디지 못해 액(液)이 되는 건
눈물이라기엔 너무 사치합니다

액운(厄運)에 눌리어 액(液)이 되어버린
쉼 없이 흘러내리는 빙하
상처 깊어진 계곡

희고, 검고, 붉은 바위들 켜켜이 쌓인
선, 악, 욕망의 갈등을
햇살, 바람, 눈, 비에 씻어내며
팔백만 년

나를 보시고
아름답다 하시나요

* 세도나(sedona) : 미국 애리조나주에 있는 세도나는 빼어난 경치와 볼텍스의 기가 세기로 유명하다. 길이 생기기 전에 처음으로 이곳에 와서 정착하고 사과 밭을 일군 사람은 J.J. Tomson 형제다. 세도나는 형의 부인인 Tomson 부인의 이름이고 화란에서 온 이민자였다. 후에 노동자 수가 늘고 40번 국도가 생기면서 우체국 신설을 요청했는데 처음에 지은 이름은 길어서 당국으로부터 허가를 받지 못했다. 그래서 고심하던 중 시동생의 묘안에 주민들이 찬성하여 지명이 Sedona로 공식 등록되었다.

아름다운 세도나Sedona 2

이름의 내력

아름다운 이 땅에 삶이 깃들어
풀, 꽃, 새, 나무들이 어우러졌습니다
그러나 낙원에서도
이민자의 정착은 고달픕니다

멀리 화란에서
서역 구만리 바닷길을 건너와
다시 서쪽으로 삼만리 먼짓길을 달려서
아무도 와 보지 않은 신비한 곳에
꿈에 그리던 내 땅을 만들었습니다
햇살이 찌르듯 따갑고 바람도 무섭게 세며
눈이 엄청나게 많이 내려도
아름다운 이곳은 정녕 낙원

봄바람에도 흔들리는 가벼운 여심이지만
폭풍에도 꺼지지 않을 작은 희망의 불꽃이
여기 수수한 사과꽃과 함께 피었습니다
힘겨운 노동, 핍절한 살림에 지쳤을 손과 발
그러나
여인의 가슴엔 넉넉한 사랑이 젖줄처럼 흐르고
사과는 달콤한 즙을 머금고 탐스러이 익어갔습니다

세도나
마을의 대모 후덕한 형수님
사과 향기 그윽한
길이 빛날 아름다운 그 이름이여

녀석은 좋겠다

나가나 들어가나
귀여움을 타고난
두 살배기 막내 손자

온 식구가 스스로 종이 되어
아기 왕을 모신다
아기 왕의 환심을 사려고
필사의 노력을 아끼지 않는다

점점 폭군이 되어가는
영리한 아기 왕의
기상천외의 변화무쌍한 변덕

칠순의 피에로
허리를 펴고 허허허 웃다가
은발을 쓸어 넘기며 돌아서서
꺼내놓는 속마음 한 조각

녀석은 좋겠다
맘껏
하고 싶은 대로 다 하는구나

사랑

산이
산으로
산일 수 있음은
호수가 올려다보고 있기에

산 그림자
늠름한 모습을
자랑스레 온 가슴에 꽉 채우고
정성스레 발을 씻긴다

땀, 눈물
아니
씻어내리는 모든 오물들까지
큰 성냄 한 번 없이
그저 조용히

산이
산으로
산이어야 함은
호수가 올려다보고 있기에

작아도 어미라서

발코니 처마 밑에
신방을 차린 텃새
요 며칠을 불난 듯 시끄러워

유리창 너머로 숨을 죽이며
수시로 엿보니
암새 홀로 동그란 눈을 깜빡이며
섬세한 귀로 경계를 바짝 세우고
진종일 먹지도 않아

저물녘이 돼서야
날개를 쭉 펴고 내려와
강아지 물그릇에 냉큼 올라서

물 한 모금 마시고 하늘 보고
또 한 모금 머금어 마음 적시고
파르르 날아올라 알 둥지로 돌아가네

엄지손톱만 한 새가슴에도
천형을 달게 받는
어미의 큰 마음이

누가

돌뿌리에 채인 발뿌리
돌이 찼나
발이 찼나

이것만으로

돌보기 없으면 화장도 못 해
고운 티 사라진 늘어진 눈꼬리

그래도
세월이 건네준 것
연륜이 보탠 것 있어
보이는 것 말고 그 너머에
드러난 것 외에 감추어진
더 소중하고 아름다운 것들을 보네

굳이
돋보기 없어 화장을 못 해도
주름진 눈매에 어린
따뜻한 고요
탈색된 입술에 담긴
맑은 덕담

이것만으로 정히
아름답다 말해줄 순 없나요

가장 강한 주먹

나비같이 가볍고 번개처럼 빠른
중량급 권투 선수의 폭탄 주먹에
열광의 찬사를 보내오

그러나 이는
비좁은 사각의 고리 안에서
고작 한 시간의 겨루기

무제한의 넓은 세계를 무대로
일생일대의 항해를 시작하며
눈을 감은 채
꼭 쥔
갓난 첫 손자의 여리고 작은
옹골찬 두 주먹

이야말로
세상에서 가장 강한 주먹!

무제한의 축복을 빌며

사슬의 서슬

솔바람 노래하는 어느 날 강가를 거닐다가
모래톱에 조용히 누운 물고기를 만났다
해받이 하고 있다

은빛 날 선 비늘
맑은 눈동자
늠름한 몸매

반가이 다가가 웃으며 한 손을 내밀다가
눈을 꼭 감고 졸지에 찧은 엉덩방아

갑작스런 진동에
사납게 높아지는 구더기의 파고
마른 껍질 속 젖은 살점을
치열하게 발려내는 중

엉겁결에 봐버린 생사의 두 얼굴
영겁을 이어온 차가운 먹이사슬의
시퍼런 서슬

이미 각막을 뚫고 들어와
심장에 박힌 작은 불침

데인 가슴을 쓸며 뒤돌아보는 내게
은비늘 물고기는 엷은 미소를 던지고

강의 물비늘은 더 희게 반짝거렸다

항상 거기에

숨 막히는 고뇌로 가슴이 조일 때
앞뒤 재지 말고
선뜻
청산을 찾을 일이다

높은 산 푸른 정기를
듬뿍 마시며 자라온
청솔들

청솔들의 날숨을
흠뻑 들여마시고
새파래진 나

시커먼 날숨을 한껏 뱉어놓고
돌아서며 얼굴 붉히니

미더운 청산은
너그러운 미소로 말하네
항상 거기에 있겠다고

요술 상자

남편은
두 손가락으로 클릭 클릭
세상 속을 헤엄쳐 다닌다

나는
열 손가락으로 다그락 따그락
엉거주춤 어기적 어기적
하얀 종이에 얼룩진 세상을 구겨넣는다

삼십 년차 딸은
손가락이 안 보이게 지지지직 지직
지구를 뱅뱅 돌린다

세상이 컴퓨터를 돌리는지
컴퓨터가 세상을 돌리는지

황국을 보며

꽃잔치의 뽐내기 겨루기는
봄부터 여름 내내 온통 아우성
국화*는 묵묵히
한쪽에 있는 듯 없는 듯

풀, 꽃, 나무
모두가 마르고 질 때에
국화는 오히려 당당한 여왕

늘 봐오던 황국인데
서리를 이고서 더욱 간절해지는
부모님 생각

세세한 그리움과 용서를 비는 마음
낱낱의 꽃잎에 가득 담아서
탐스런 송이 다발 드리고 싶어라

국화꽃 한아름 받아 안고서
구르는 웃음 콰르르 터트리는 그 모습
한 번만 보았으면
꿈 속에서라도

* 국화 : 도라지꽃이나 나팔꽃처럼 통꽃 종류다. 낱낱의 꽃잎에 암술과 수술을 갖추고 있는 통꽃이 모여서 송이를 이룬다.

늦가을 오후

열병을 앓던
가을 산

조금의 미련도 남기지 말자고
온몸을 불사르는
꽃보다 진한 농염
외려 어지럽더니
그새
벗은 나뭇가지 사이로
노곤히 스미는
가을볕 다사로워

노안에 번지는 허허한 웃음
홀가분하고
따끈한 차 한잔의 온기가
더욱 정겹다

팜트리Palm Tree

누구를 그리며
그리도 목이 길어

때때로
미친 바람 부여잡고
헝큰 머리로
몸부림치는 종려야
키보다도 깊이 파내린 뿌리로
긴 세월
높은 목마름을 적시누나

아마도 네 꿈은 높은 데 있는 듯
곧은 목을 빼 올리며
끊임없이 새 손을 내밀어 손짓하누나

붉게 피어난 노을 속에서
속 깊은 사연은 내색도 않고
날씬한 몸매를 미풍에 실어
살포시 춤추는 맵시 고와라

내가 너를 사랑하는 까닭이다

제4부

별들의 향연

별들의 합창
인생의 답
코끼리 옆에서
왕도 안 부럽다
청마루 살무늬
하늘에다 한을
별이기를
겨울나무
되돌이와 되살이
아침 바다
풀꽃 춤
장맛이 나기까지
꽃 중의 꽃
단풍
해 바라기
비바람
아스펜 비스타Aspen Vista에서

별들의 합창

광야의 어둠이 먹물을 짙게 풀고
지척도 분별이 안 되는 밤

귓가에 스치는 스산한 바람
방향을 모르는 내 곤한 영혼
두려움에 슬프게 떨고 있을 때

머리를 들어라
어두울수록 더 잘 보이는
푸른 별빛은 은총이다

설불리
해 같은 지도자
달 같은 논리
눈에 부신 빛으로
은총을 가리지 말기를

광야의 밤이 길더라도
침잠할수록 더 잘 들리는
명멸의 속삭임을 깊이 새기다가

기필코
별들의 장엄한 합창을 듣고 나서
정작 찬란한 아침을 맞으리라

인생의 답

인생의 답은 무엇일까

진리에 있지도 않고
선악에 있지도 않고
현자의 금언록에서도 못 봤지

만일 답이 있다면
인류의 역사가 이토록
흥망성쇠를 되풀이하였을까

천국의 법전에는 써 있을까

야생의 숲속 초행 길을
혼자서 헤쳐가는 길
누구도 지도는 없어

무섭고
외롭고
고달픈 건
나만 그런 것은 아니야

다만 인연을 가꾸었더니
꽃도 피고
열매도 맺어 위로를 받았지

코끼리 옆에서

너와 난 마주 서서
코끼리의 커다란 귀를 올려다보며
웃으며 손뼉을 쳤지

난 확실히 보았고 아는 대로
코끼리의 귀는 확실히
오른쪽에 있다고 말했고
넌 분명히 왼쪽에 있다고
마냥 우겼어

우리의 목소리는 점점 높아지고
답답함의 강도도 올라가서
점점 발화점에 다다랐지

울며 주먹을 치기 직전
잠시 자리를 바꿔 서 보았더니
어처구니없게도
너도 틀렸고 나도 틀렸고
나도 맞았고 너도 맞았어

우기기 전에
서로 믿었더라면
하나만이 아닌 줄
쉽게 깨달을 수 있었을 것을

왕도 안 부럽다

마당가 텃밭에
나무 젓가락 뒤로 꾹 꾹 찌르고
조심스레 떨군 씨앗들

하염없는 보슬비에 홀라당 벗고
흠씬 목욕한다

검은 흙덩이 살짝 치켜들고
곱은 손을 내밀어 하늘을 만져보더니
자고 새면 큰다
일러주지 않아도 실바람에 춤추며
벌 나비에 손짓한다

상추, 부추, 풋고추, 깻잎, 오이
초록 생기 넘실대는 식탁
미어터지는 볼

오늘은
내사 왕도 안 부럽다

청마루 살무늬

무료한 오후
청마루에 앉아 무심히
바닥의 아롱진 살무늬를 본다
파도의 물결이 있고
험산의 능선도 있다

긴긴 세월
칼바람 휘몰던 고비마다
훑이고 다져진
상처 때 무늬구나

숱한 나날
그저 받아들이며
제자리를 맵게 지켜낸
피멍 때 무늬구나

청마루 살무늬가 아름다운 건
제 몸으로 맵게 살아낸 그
흔적 때문이구나

하늘에다 한을

들쑥날쑥 야트막한 돌담 안에
세월의 무게가 겨워
동그래진 하얀 할머니
찌프린 눈살이 가물가물

마디 불거진 바짝 마른 손이
귀떨어진 함지박에서
저녁 지을 쌀에 뉘를 고른다
돌을 삼켜도 탈 없을 손자를 위해

세상 모든 사람들이 끝도 없이
검게 타버린 한을 토해놓아도
하늘은 어찌 저리도
맑고 시리게 푸른가

스러져가는 생을 깎아낸 정성
한 점 혈육의 볼에 붉고
할머니가 불어낸 한숨들
하늘로 날아가 푸른빛으로 돌아와
아이의 눈에 고인다

별이기를

검은 벨벳에 박힌 금강석들이
실제로는
메마른 흙덩이에 지나지 않아도

아스라이 멀리서
한결같이
태양을 향해 눈을 맞추고
사랑하고 있다고
작은 불꽃을 사르네
떨리는 몸짓으로

흙으로 빚은 나
멈출 수 없는 사랑의 눈총으로
별이기를

겨울나무

넌 화려한 옷을 벗고
네 손의 열매들도 다 내려놓았지만
그것으로 다가 아니야

겨울 손님이 오니까
옷깃을 단단히 여미고
찬 서리와 눈을 맞으며
무섭고 긴 밤을 견뎌내야 해

손끝 발끝 얼어붙지 않으려면
온 힘을 다해
땅 속의 온기를 퍼 날라
실가지 끝으로 전해주어야 해

겨울 손님은 네게 전혀 친절하지 않지
허나 네가 끈질긴 사랑의 힘으로
겨울과 사이좋게 지내면

깜깜한 밤이 길어도 아침은
혹독한 겨울이 얼어붙어도 봄은
틀림없이 찾아오니까

너는 겨울 손님이 넘겨준 선물로
화려한 봄을 장식하고
풍성한 여름과 가을을 누리겠지

되돌이와 되살이

되씨 집안의 단짝 형제
생명을 주검으로 되돌리는 돌이
주검에서 생명을 탄생시키는 살이
돌림자는 같아도 형제는 아닌지
아무리 뜯어봐도 닮은 구석이 없어

칼날 성격에 바늘 끝의 여유도 없는 돌이
서릿발 냉기에 소리도 없는
검은 그림자로 다가오면
억조창생 이래로 당할 자가 없지

살이는 약하고 부드럽지
막아서면 돌아가고
다만 끊임없는 따뜻함
추하고 더러운 것들도 마다 않고
지경을 넓히고 나라를 건설하고
세상을 만들어가지

아, 닮은 것이 있는데 둘 다 욕심은 없어
져본 적이 없는 돌이도
그 승리를 가지지는 않아
어렵사리 힘겹게 이룬 살이도
때를 알아 말없이 내려놓지

꼭 붙어다니며 사이좋게 주고받는
의좋은 형제

아침 바다

밤바다에 물결이 높으니
밀려서 구르다가
곤두박질치고 부서지는
파도의 우는 소리도 깊다

세상살이에 어눌한 그가
입 다물고 몸부림치는
신음 소리 닮았다

온 밤을 밀물과 썰물이
숨차고 곤하게
온몸으로
붓질하며 씨름하더니

멍든 눈물 때문인가
아침 바다는 더 푸르고
씻긴 모래는
바람 잔 햇살에
새삼 눈이 부시다

풀꽃 춤

풀꽃 씨 하나가
숨죽여
긴 겨울을 나며
생각을 키우다가
뜻을 얻었다

두렵고 떨며 맞은 잔인한 봄
혼신을 다해
몸피를 찢고 여린 싹을 틔웠다

누가 보든지 말든지
몰두해
땀 흘려 여름을 나며
꽃을 피워내고
씨도 맺었다

산들바람아 불어라
춤을 추자
너도 나도
모두 어울려
크게 웃어보자

장맛이 나기까지

끓는 가마솥 안에서
요리조리 구르던 작은 재주들이 무슨 소용 있나
옹골차던 단단함도 맥을 못 추고
종내는 속 찬 비린내가 단물이 되고
졸아서 진이 났다

스스로 많이 노력했고 무던히 참기도 한 이때가
정작 맞아야 할 시련의 시작인 줄 생각이나 했을까
모양도, 색깔도, 맛도 완전히 달라져야 했다
밟히고 치이고 문드러져
속이 시커멓도록 썩어갔다

그러고도 굵은 소금을 듬뿍
쓰리고 아린 추억 속에서도
꼭 붙들어야 할 것들이 있으니까

한여름 긴 볕에 뚜껑을 열어놓고
스스로를 달구는 침묵의 시간
어설펐던 날들의 냄새 나는 기억들을 바래가면서
조용히 곰삭아야 한다

그래야
누구에게나 사랑받는
소증* 푸는
속정 나는
노오란 속장이 만들어진다

* 소증(素症) : 간절히 먹고 싶은 증세. 채식만 하여 고기가 먹고 싶은 증세. 소증 나면 병아리만 봐도 낫는다.

꽃 중의 꽃

병아리 망아지 송아지 적엔
한사코
짓궂었던 봄

눈썹을 간지르고
이마와 콧등을 콕콕 찌르다
기어코
가슴에 불씨를 던져넣고 달아나

병아리 망아지 송아지의 어미가 되면서
봄이야 섭섭커나 말거나
온 뒤에 흘깃 보고
간 뒤엔 까맣게 잊어버렸다

그러던 봄의 미소가 왜 그리 상냥한지
연둣빛 손 내밀고 유리창을 두드리며
정다운 눈짓으로 꽃밭에서 만나자네

한창 어우러진 뽐내기 꽃 잔치에
실바람은 살며시 다가와 속삭이며
단연
꽃 중의 꽃이라네
귀밑머리 서리꽃

단풍

불타는 정염의 꽃단풍
숨 가쁜 교향악의 종장

힘써 피워낸 꽃
열심히 키워낸 열매
남김없이 내려놓았던 너
이제
입은 옷 마저 벗어주려
곱게 물들였나
그러고도 말없이

나는 어느 철에
철들려나
이리도 곱게 단풍 드나

해 바라기

비 개이자
한마당 가득 해 바라기
색색 우산, 아버지 구두, 내 운동화…

울타리 곁엔 어느새
얼굴을 반짝 든 해바라기들
보송한 얼굴에 환한 웃음을 뿜어내며
해 바라기

눅눅한 내 마음도
꺼내어
해 바라기 해야겠다

비바람

사나운 비바람이 없었다면
나는 사막의 선인장
솜털이 모두 가시가 되어
찌르기만 했을 터

사나운 비바람 없이는
나는 사막에 누워버린 조각돌
하냥 일 없이 뒹굴다가
속절없는 세월만 그저 하릴없이

어르고 달래고 호령한다
때리고 씻기고 감싸준다
맞고 울며 젖어 떨면서
나의 채색 꿈들은
꽃을 피워내고
열매도 맺는다

시시로
융숭 깊은 통각 나팔 소리로
맑은 가락 한 소절 울려
읍소하며
감읍할 따름

아스펜 비스타Aspen Vista*에서

아흔아홉 고개 굽이굽이
폭마다 짙푸른 청솔 울창한 그 사이사이
수줍고 가녀린 샛노란 아스펜*
무리져 어우러져

실바람에도 간지럼을 타는가
환한 노랑 등불을 켜들고
연신 팔랑거리는 그 손짓에
내 마음도 노랑물 흠뻑 들어

아름다운 마무리에
초대된 손님들
솟구치는 기쁨의 춤사위로
돌개바람이 되어
노랑 꽃단풍 흐드러진 계곡을
휘돌고 넘나들고

시월이 되면 들리는
아스펜 비스타에서 부르는
노랑 합성

* 아스펜 비스타 (Aspen Vista) : 뉴멕시코 주, 싼타-페의 북동쪽에 있는 빅 테스크 산에 아스펜이 많이 자생하는 곳. 로키산맥의 남쪽 끝자락. 시월 중하순경 기온이 차지면 온 산이 노랗게 변한다.
* 아스펜(Aspen) : 은사시나무. 해발 3,000미터 이상의 높은 곳에서는 낙엽이 질 때 은행잎처럼 밝은 노랑색으로 곱게 물든다. 그런데 잎이 은행잎보다 얇아서 햇빛이 투영되어 밝은 노랑색이 아름답다. 나무 줄기는 흰색.

제 5 부

세월은 가면서 말한다

세월의 꽃들이 불을 켜고

어머니 모습에서
겨울 강을 봅니다

목숨 걸고 건너온 골 깊은 푸른 강에
실실이 서린 하얀 서리꽃
세월이 그린 그림입니다

낡은 나룻배
세월의 꽃무늬 가득한 이 배로
겨울 강을 건넜군요
굽은 등줄기 뼈마디 마디에
휘어진 허리 골절 사이에
꼼꼼히 새겨 넣은 천만 개의 꽃송이들
세월이 공들인 작품입니다

날이 저물어
아기자기 작은 꽃들은 불을 켜고
화려한 꽃가마가 되어 밤하늘을 날아갑니다

꽃들의 불빛이 아스라이 멀어져
반짝이는 별이 되었습니다

내 마음의 꺼지지 않는 별
항상 거기 계신
어머니

발의 충성

평생을
눈만 뜨면 줄기차게 누르고 밟아도
불평이란 아예 모르고 충성만 알던
순하디 순한 발

네 성질이 이리도 고약한 줄
전혀 몰랐어
그래 그래 내가 잘못했다구
네 성질 탓이 아니고
내 미련한 욕심 때문이었지

발병이 나고야 알았다
살아남으려는 네 외침이
나를 살리려는
몸부림이라는 걸

수석壽石

든든한 바위로 남지 못했습니다
그렇다고
온전히 부서져 흙이 되지도 못했습니다

비탈진 언덕에 버팀돌
가파른 오름길에 디딤돌
돌아내리는 시냇물에선 징검돌이었다가
끝내 간직한 내 색깔과 무늬로
지붕 속 받침대에 편안히 앉아 있는 나

사람들은 비와 바람의 노래
달과 별의 얘기를 들으려 하지만
한낱 흘러간 옛 노래만 되풀일 뿐

타는 듯 목마르는 새 노래
결국 흙이 되어야 한다는
쉼 없는 속 울림이
돌보다 무겁습니다

고추잠자리

가을볕 조요히* 내려 퍼지고

고추밭 울타리 꼭지 위에
설잠 든 고추잠자리*
가슴까지 빨갛게 무르익고
은빛 날개엔 광채가 어려

산들바람에 잠시 떠서 빙글 돌더니
살포시 고쳐 앉아 날개를 조촘 내리고
달콤한 낮잠의 무게에 빠져든다

풀씨 여물고 열매 익는 싱그러운 냄새
방아깨비, 여치, 풀무치의 노래도 한창
개울에서 올챙이, 장구벌레와 숨바꼭질하다가
어여쁜 아가씨들과
신나는 춤판을 벌이는 꿈이라도 꾸나

때를 아는 고추잠자리
짓궂은 가슬바람 탓하지 않고
허공을 한 바퀴 휘돌아 바삐 날아가네

빨간 고추도 씨 여물어간다

* 조요(照耀)히 : 밝게 비치어 빛남.
* 고추잠자리 : 애벌레에서 날개를 달고 나올 때는 암수가 다 노란색이다가 성충이 되면 암놈은 누런색으로 변하고 수놈만 배에서부터 가슴으로 색이 빨갛게 변함.

고별

무르익은 가을 숲의 축제는
타는 불꽃의 몸짓
숨 가쁜 정점을 넘어가는
교향악의 종장

어둑한 숲속
소슬바람의 선율을 타고
날아내리는 나뭇잎
빗살 진 어둠과 햇살 사이로
숨바꼭질하는 사뿐한 맵시
곱다

항복한 병사들처럼
말이 없는 나무들
순하다

산마루에 서서

산마루에 서서
작은 산들과 바위들을
내려다본다

햇살 퍼진다
귓결에 바람 스친다

발아래
돌들, 바위들, 작은 산들이
저마다 노래한다
소리 지른다

태고부터 이어온
창조의 합창소리 들린다

팔꿈치

팔꿈치는 안으로만 굽지

두말할 것도 없이
자기가 옳다고
초지일관
독불장군

옳다고 당기기만 하는 게 능사가 아니래도
밖으로는 조금도 휘일 수 없다고
눈 하나 깜짝 않고
찔러도 피 한 방울 안 나지

그래서
늘
어깨와 손목은 둥그렇게
원을 그리지

봄 소리

차츰 멀어져가는 겨울 장군의 발소리
점점 거칠어지는 흙의 숨소리

잔설 녹아내린 여울의 맑은 가락이
산과 들을 간질이니
겨울잠에서 깨어난 식구들
부산하게 기지개 켜는 소리

배나무 꽃가지에선 햇살 사이로
꽃망울 터치는 고음의 춤추는 소나타
뾰족이 움 돋은 어린 잎새들의
점점 커지는 초록합창

가슴을 펴라
자리를 차고 일어나라
소매를 걷고
묵은 밭을 갈아엎어라

외줄타기 묘기

들숨과 날숨 사이에 짧은 외줄
줄이 길이고
길이 줄이다

흩어지는 생각
흔들리는 마음
바짝 끌어다가 발밑에 깔아두고
눈은 멀리
감각은 발밑에

높이를 가늠하지 마라
넓이를 탓하지도 마라
생각을 온전히 줄 위에만 세워
실로 무게 중심만 잡으면
다른 건 문제도 아냐

중심 잡고
한 발 내미는
곧추서기부터
다시 배운다

들숨에서 날숨까지 한 발씩 떼고
날숨에서 들숨까지 웃으면
기필코
공중곡예의 황홀함을 맛볼 수 있겠지

봄물에 젖다

봄비 그친 뒤
따사로운 햇살의 산뜻한 미소
그 손짓에 이끌려나간 시냇가

죽은 듯 검던 참나무 고목의 가지들이
속내를 싹 감추고 날아갈 듯
연푸른 새 옷을 펼쳐 입었다
개구리의 짝짓기 울음도 귀를 찢는다

낙방의 쓴 잔을 마시고
걸쭉한 우울의 안개 속에
스스로의 무게로 가라앉던
아직 봄을 맞지 못한 내 심사가
꽤액 소리쳐
개구리 합창을 딱 잘라놓았다

잠시뿐
애꿎은 나의 투정을 아랑곳 않고
개구리의 열정은 광기로 이어지고
훈훈한 봄바람은 참나무를 휘돌아
반짝반짝 연초록 나비 떼로
팔랑이며 내게로 날아든다

막무가내로
버석거리던 내 마음
봄물에 흠뻑 젖었다

구멍 난 양푼

바닥에 구멍 난 플라스틱 양푼
푸른색이 아직도 고와
송이 선인장 곁가지 몇 개를
꾸욱 꾹 찔러놓고
돌아보지 않은 한 해

초롱꽃등을 줄줄이 켜들고
눈길을 당긴다
탐스런 송이마다 함박웃음 어우러진
흐드러진 한세상

눈길 없는 허허로움을
작은 생명들을
사랑함으로 달래었구나

구멍 투성이인 나
구겨진 심사를 달래준 너

구정물

진종일
허우적대며 퍼올린 구정물
밤새 끓이고 거른다

맑은 물방울
속으로 들어가본다

세상이 훤히 보인다

진짜 마술

이게 진짜 마술

눈을 뜨고도 깜깜
답답한 미련 곰퉁이
엉기적 뭉기적
제자리에서 골똘히 맴맴

선생님 입김 한 번에
환히
시야가 트여
세상이 보여

한 번 더 불어주세요
후우 불어주세요

신기한 세상을 볼 수 있게요
오묘한 이치를 깨닫게요
융합의 움직임이 보여요
새 생명의 맑은 맛을 느낄 수 있어요

살맛 나는 미련이
행복한 곰퉁이

선생님
선생님은 정말 선생님

동요제에서

엉성한 백발 성성한 뒷모습
구부정한 키를 더욱 낮추어 오리걸음으로
손짓 가볍게 그냥 사뿐사뿐
초롱초롱 별바다를 바라보며
나비 춤을

물소리, 새소리, 별나라의 옥피리 소리
별들이 작은 입을 벌려 우주를 가득 채운다

때 묻고, 상하고, 메말랐던 내 영혼
깨어나 젖는다
목욕한다
새살 돋는다

돌아서는 백발의 동안에서 퍼지는
평안의 빛
기쁨의 소나기 천둥 친다

때 묻은 겉옷을 벗고
초라한 가면을 벗어버린 나
돌아오는 길에 보니
비 개인 뒤의 초승달이
산뜻하게 날렵하다

* 권길상 선생님의 동요제에 다녀와서.

세월호 인양을 보며

2017년 3월
어수선한 졸속의 대선을 코 앞에 두고
바닷속에 가라앉아
아까운 푸른 인명과
허망한 세월을 죽인
대선의 인양을 보았다

커서, 엄청 커서
무거워, 너무나 무거워
사악한 자들의 죄만큼이나 크고 무거워
선량한 작은 가슴들은 짓눌리고 졸아붙는다

좌로나 우로나 치우치면
일파만파
많은 피를 흘리게 돼

한 사람의 머리만 좋아서
두 사람의 힘만 좋아서
세 사람의 재주만 믿어서
이게 어디 성사될 일인가

마음을 가라앉히고
각자의 힘과 지혜를 모두어
한 줄로 매끄럽게 엮어내야만
성공의 인양

어지러운 대선을 앞두고
북핵의 숨찬 위급상황을 안은
대한민국호의 대선

좌로나 우로나 기울지 말고
아픈 상처 남기지 않고
무고한 피 흘리지 말고
제발 곱게 인양되어라

제6부

나를 위해 부르는 노래

왕도 안 부럽소

저 멀리
문학이라는 늘 푸른 큰 숲이 있었어
그 숲에는 수많은 보배와 기적
무궁무진의 신비한 이야기가 있었지만
가끔 바라만 보았지
그곳으로 감히 발길을 들여놓지 못했어

코앞만 보고 허덕이며 달려온 이순*
어느 날 새삼 보이느니
내 터에 나무들이 나고 자라서
조롱조롱 열매를 맺고
난 절로 이미 숲속에 들어와
비원의 주인이 되어 있었네

이 숲의 열매들로
떡을 찌고 술을 빚고
풍성한 향연을 베푸니
숲의 향기로 즐거웠고
숲의 노래로
무한 행복해졌다오

이 문학의 숲속에 오두막을 짓고
여기에 누워 사지를 뻗으니
세상에 무얼 더 바라리오
내사 이제 왕도 안 부럽소

* 이순(耳順) : 육순(六旬). 논어에서 나온 말로 육십에야 비로소 모든 것을 순리대로 이해하게 된다는 뜻

부부 싸움

금혼식을 지나
해로동혈*할 부부도
가끔씩 닭싸움을 한다

평생 맞아도 굳은살 안 박히는 곳
조금만 스쳐도 아픈 자리 있으니
서로 무심코 건드리다가
되로 주고 말로 받는다

내 상처만 붙들고 어루만지다
가시 돋힌 원망이 칼날이 되면
메아리된 미안이 연민이 된다

미안해서
불쌍해서
뒤집어보니 너무도 고마워서
닭싸움은 얼마 못 가
슬그머니 시답잖게 종료되고

승자는 없고
후줄근한
패자만 남는다

* 해로동혈(偕老同穴) : 살아서는 함께 늙으며 죽어서는 한 무덤에 묻힌다.

포기하지만 않으면

때때로
깜깜한 절망의 골짜기에서 숨이 막히거나
지쳐서 속수무책의 늪 속으로 빠져들었소
느닷없이 무너지는 슬픔에 깔리기도 했고
가슴이 찢어지게 아프거나
정수리가 터지도록 분할 때가 있었소

그럴 땐
그 시점의 바로 그 부분이
나의 온몸으로 붓질을 해서
완성해야 하는 화폭의 그 자리

내 인생의 그림 속에
조화와 대비의 접점이 되는
매화를 피우기 위한 설한풍

기필코 슬기롭게 견디어
아름답게 이뤄내야 한다는 자각

전심으로 끙끙거리다 보니
예측과 달리 전화위복이 되기도 하고
막다른 골목 끝에서야 샛길이 나오기도 하고
생각을 바꿔보니 실마리가 잡히더이다

가끔은 그래도 안 될 때
조급의 끈을 놓고 그냥 놓아두면
절로 수월하게 되는 날도 있더이다

끝끝내 포기하지만 않으면

양심

셈을 모르던 시절
이길 수 없었던 알사탕의 꿀맛
그 유혹의 늪에 첫발을 딛던 날
두둑한 거스름돈은 들통난 원인

그날 처음 만난 괴물
평생 가슴속 한 자리를 차지하고
난 그를 꼼짝없이 받들어 모셔

평소엔 있는지도 모르게 조용하지만
예민한 성격에다 끈질겨서
한 번 골이 나면 밤낮으로 나를 조여
단 한 번도
그를 이겨본 적은 없어

어느 날 문득 나는 알았다
그는 내 작은 가슴속에서만 콩닥거릴 뿐
더없이 초라한 존재의 나보다
조금도 더 클 수는 없다는 걸

이제
나는 더 이상 그를 두려워하지 않아
붙들고 의지하지도 않아
다독이고 살찌우며 보살피지

지식 위에 지식
법 위에 법
모든 것 위에 모든 것 되시는
그 님을 알고부터는

발병

침상의 감옥에서
온갖 시중을 받으며
천상의 호사를 누린다

침상의 감옥에서
뼈 깎는 고통의 지옥을 지나며
넘치는 감사의 천국을 맛본다

평생 누르고 밟아도
한 번도
미안해본 적 없고
존중해본 적 없는 발

목소리를 높여
존재감을 걸고
투쟁하기로 맘을 먹었다
무자비한 주인을 때려눕히고
눈물 어린 참회를 받아냈다

고통의 안개 속 미로를
한참 헤매다가
드디어
여리고 보드라운 사랑의 새 생명
그 탄생을 본다

달밤에 춤추는 여자

창밖에서 가만히 엿보았겠지
책을 덮고 불을 끄니
달빛이 성큼 들어와
방 안에 가득 고인다

달빛의 미소에 이끌려
뜰에 나서자
추녀 끝에서 밝은 달 한 조각이
가슴속으로 툭 떨어져

잘리고 부서진 조각난 삶들이
싸고 들어앉은 고치집에
불을 켠다

비단 실자락이 달빛 타고 흐른다
손끝에서 발끝에서 너울거린다

점점 더 신명 난 춤사위는
그저
가슴속의 달불이 사윌 때까지
비단 은실을 차가운 밤하늘에
뿌려 흩는다

고원* 선생님

반짝이는 성성한 백발
티 없이 번지는
동안의 미소

높고도 먼
결 곱고 흠 없는 길

내리사랑
글마루 이십 년

제자 사랑
한길로 사십 년

시 사랑
곧은 길 한평생

* 고원 : 1956년 케임브리지대 수학, 1964년 아이오와 주립대 영문학 석사, 뉴욕대 비교문학 박사. 평생 미국 대학 강단을 지키고 살아오심. 나성에서 글마루(문예 창작반)를 시작하여 이십여 년 많은 문인을 배출하였고 빛나는문예활동을 해오심.

* 고원 선생님 팔순과 글마루 20년 축하연을 다녀와서.

꿀물 마신 콩나물

보행이 불안정하여 지팡이를 짚고
강의실에 오시는 노사(老師)
평생을 걸어 오른
산등성이 높다

백발이 무색한 초롱한 눈망울
인생을 조망하는 황혼 녘
눈부신 노을은 취하도록 아름답다

쉴 틈을 주지 않고
옹기종기 모여드는 제자들
꿀사랑을 내린다
진액이 다하도록

꿀물 마신 콩나물
쑥쑥 자란다

일품 차

전자 두뇌의 속도에 반비례하는
늦깎이 내 머리
화면과 함께 깜빡거린다

돋보기를 닦고 눈을 비벼도
굼뜬 손가락은
두레박을 되짚어 헛짚는다

깊은 우물 속에 가라앉은 책
갈피마다 젖은 사연들
햇볕에 말리고
바람에 흔들어
차를 만든다
따끈한 한 잔의 물에 우릴

쌉사름하고 떨떠름하나
색도 곱거니와
향도 독특하다

금잔의 축제Antalope Valley Poppy*

가녀린 소녀들이
화사한 웃음을 머금고
금잔에 햇살을 가득 담아
축배를 들자고 청한다

한 여인의 손끝에서 떨어진 작은 씨앗이
소박한 꿈을 안고 성실의 미풍을 타니
온 들과 산은 파피로 덮여

금종을 울려 만인을 부르니
금잔의 축제에 초대된 손님들
홀연히 나비가 되어
꽃바람 타고
꽃물결 위를
날며 노니네

* Antelope Valley Poppy : 캘리포니아 주화인 파피꽃이 많이 자생하는 곳. 4월 중순에서 5월 초에 광활한 야산과 들판이 온통 파피로 붉게 물든다. 파피는 작은 종 모양으로 일명 cup of gold라 불린다. 1942년 콜로라도 덴버에서 이주하여 Antelope Valley에 살았던 Jane Pinheiro(1907-1978)라는 여성의 꿈을 향한 끈질긴 노력의 결과로 만들어졌다. 그녀는 그림을 공부한 사람이 아님에도 자연에 남다른 애정을 갖고 그 지역의 야생화와 동물들의 소상한 그림들도 많이 남겼다.

더부살이

그가 장가들며 옆구리에 끼고 온
철부지 머슴애
눈치 없고, 욕심 많고, 자존심 센
요령부득의 고집불통

내가 시집오며 등에 업고 온
울보 계집애
말 많고, 허영심 높고, 아둔하며
토라지기 잘하는 철딱서니

때때로 우린 칼을 들고 날을 세워
더부살이 떼어내자고 달려들어

언제 찢겨질지
당장이라도 깨어질까
마음 졸이는 백년가약

봄, 여름, 가을 가고
머리에 서리를 이고 보니
한없이 미안하고
또 불쌍해서

나는 철부지 머슴애에게
그는 철딱서니 계집애에게
눈꼬리는 살짝 흘기면서도
입꼬리는 초승달처럼 웃는다

더부살이인 줄 알았더니
더부살이인 줄 알았더니

친구

우리는 달라도 너무 달라

그는 변과 각이 분명한 정각형
난 두루뭉술 무정형
그는 백열등
난 형광등
그는 달리는 쾌속정
난 노 젓는 나룻배
그는 장미 백합 안개꽃
난 들국화 산나리 개망초

내가 먼저 혹해서 그를 찾아갔지만
그가 먼저 나를 베스트 프렌드라 말했지
난 그가 왜 날 좋아하는지 몰라
물어보았더니 무조건 다 좋다나

우리는 같아도 너무 같아

둘 다 돋보기를 쓴 싸움닭
날개를 푸득이며 불나게 싸우지만
돋보기를 썼기 때문에
상대가 돋보여 이기려곤 안 해

우리는 보자기를 풀지 않고
저울에 달지도 않아
보나마나 항상 공평을 넘어
사랑의 빚을 덤으로 얹지

학연도 혈연도 아닌 그가
긴 세월 함께 늙어가며
어찌 되었건 간에 무조건 내 편
아, 난 왕도 안 부러워

가족

우리 가족은 따끈한 모듬 냄비
식을 날이 없이
쉬지 않고 지지고 볶는다

유년과 장년과 노년
구세대와 신세대, X세대
가문이 다른 세 성씨는 물론
혈통이 같은 오롱이 조롱이까지
입맛과 기호와 성품이 사뭇 다르다

어른 아이 할 것 없이 늘
누군가 하나는 성 내고 삐치고
누구 중 한둘은 싸우고 울고
돌아가며 한둘은 병이 나서 아프다

추수감사절 상차림을 앞에 놓고 사진을 찍어
지인들에게 안부를 전했더니
사진에서 고소한 단내가 난다며
참 보기 좋습니다
다복하시네요
든든하시겠네요
와우, 부럽습니다

냄비야 뜨거워라
부대끼고 어우러져
냄새도 맛도 좋은
일품 요리를 만들어라

민유자 제1시집 『왕도 안 부럽소』에 부쳐

"빛과 그림자가 공유하는 무위무변의 도통한 시인"

홍승주 _ 시인, 문예 비평가

서론 : 시인 민유자는 어디에 있는가

뿌리 깊은 나무는 바람에 흔들리지 않고 샘이 깊은 우물은 어떤 가뭄에도 마르지 않는다. 용비어천가에 나오는 말이다. 민유자 시인의 첫 시집 『왕도 안 부럽소』의 발문을 초하면서 문득 이 고어가 떠오르는 것은 무슨 연유일까.

그의 시가 일관해서 온유하면서도 끈질기게 강인하고 일상의 애환을 부드럽게 감싸면서도 그 안에 보이지 않는 신랄한 은유와 미묘한 저항, 어떤 삶의 태풍에도 굴하지 않고 요동치 않은 태연자약한 깊이와 뿌리, 왕의 권력도 마다한 도도한 자부심, 세속의 부귀영화를 눈꼽만큼도 안 여기는 근저당의 저력과 문학적 독보의 삼매경을 보았기 때문이다.

그는 인생 희비의 양면성, 문학의 순수와 대중성의 양극을 동시에 가지고 있는 복선과 직선의 복합체이다. 오동나무 숲을 흔들고 지나가는 고요한 바람 소리가 있는가 하면 은쟁반에 돌돌 구르는 여울물 소리를 내다가 돌연 돌풍을 일으키기도 한다.

그는 시를 통해 자신의 모습을 입체적으로 은유하고 직관적으로 적나라하게 보여준다. 미소는 인간이 표현할 수 있는 최고의 예술이다. 그의 시에서 우리는 깜찍하고 귀엽고 더러는 당돌한 이질성, 모나리자 같은 신비한 미소를 본다.

숨겨놓은 일상의 수많은 애환을 그만이 갖는 비밀, 금단의 후원, 자카란다 나무 밑, 작은 벤치에 턱주걱을 고이고 혼자 사랑의 밀어를 반추하며 명상하며 흥에 겨우면 달밤에 춤추는 기상천외의 작태를 보인다.

근래에 와서 문학은 혈기 왕성한 청소년기를 벗어나 노년에 이르러 긴 고난 끝에 묵은 싹이 트고 씨가 여물어 오직 유일한 삶의 반려로 위안과 안정의 둥지를 틀어 깊은 자아의식에서 반환점을 찾는다.

그도 예외 없이 이순에 이르러서야 이민의 부담을 내려놓고 비로소 문학의 문을 두들기고 들어선다.

영미 소설가 미첼의 『바람과 함께 사라지다』는 출판사 사장실 선반 위에서 7년간 방치되었다가 겨우 햇빛을 보아 당대의 베스트셀러가 되었다.

민유자도 긴 동면에서 깨어나 이제사 문학의 날개를 펄럭이며 시에서 수필, 수기와 소설을 섭렵, 문인의 반열에 서기 시작한다.

문학은 참으로 기묘한 생리를 갖는다. 무명으로 있다가 한번 문단에 데뷔하면 지나간 낙방했던 많은 작품들이 개작으로 일제히 고개를 들고 빛나게 소생하는 현실을 주변에서 많이 본다.

중론 : 시인 민유자의 문학적 데생(소묘)

무릇 사람이나 문학에는 동기, 또는 인연이 존재하고 톱니바퀴처럼 맞물려 돌아간다. 사소한 인연이나 동기가 오래 잊혔다가 돌연 어떤 계기로 해서 소생하는 경우가 있다.

몇 년 전 필자는 모 신문사 신춘문예 소설 부문에서 '거벽'이라는 단편을 읽고 깊은 감동을 받았지만 선 외로 밀려 아쉬운 기억으로 남았다.

스토리는 산에서의 조우로 불구가 된 두 알피니스트의 재활, 재도전의 피나는 이야기를 담은 것으로 특히 마지막 술회가 인상에 남는다.

"산에 도전하고 정복하고자 하는 오만한 생각을 가진 자는 산이 버린다. 그저 산을 바라보며 겸손하게 묵묵히 오를 뿐, 정상에 올라 감사의 명상과 기도를 드리는 것이 진정한 산사람의 자세이다."

필력으로 보아 저자가 의기충천의 장대한 남성인 줄만 알았는데 뜻밖에 섬세하고 유약한 여자임에 놀랐다.

한편 민유자는 충효를 선양하는 공공기관으로부터 '효부상'을 받는가 하면 '효부'라는 수기로 한국일보의 논픽션 부문 당선작으로 지면을 장식했다.

그 외 수십 편의 수필 가운데 부정과 긍정의 지평선을 긋는 '아니고 말고 이고'의 희한한 타이틀의 수필이 단연 독자의 시선을 끌며 미주 문단에 다채로운 이력을 갖는다.

조그마한 실개천이 강이 되고 바다에 이르듯이 우연은 필연이 되고 기연이 되어 어느 문학 특강 자리에서 민유자를 해후, 저간의 동기를 확인하면서 새삼 문학적 교류와 소통, 마침내 그가 애장한 시 90편을 받아 감수에 이른다.

민유자의 시론 : 마르지 않는 오아시스의 샘물

민유자의 시에는 인생을 들여다보는 투철하고 포용

하는 참신한 언어 감각과 강렬한 아이덴티티가 있다. 면밀하게 구축된 작품 세계, 여자로의 부드럽고 좀 나약한 듯한 개성미, 델리키트한 인간미, 따스한 눈 조리개를 통해 사물을 보는 통찰력, 응석을 부리는 듯한 무사기한 애교가 혼연일체되어 용해되고 교류한다. 한 수, 한 수의 작품이 수려하고 단정하게 꾸며지고 긴 퇴고 끝에 만들어진다.

시인에게는 양극의 양면성이 있다. 지극히 연약한 여성적인 면이 있는가 하면 더러는 담대하고 당돌하고 야생적인 남성미를 가감 없이 드러내기도 한다.

시인에게는 타의 추종 불허의 톡톡 튀는 뉘앙스와 토라지는 풍자와 해학이 있다.

자연과 인생, 가정이라는 일상의 온상에서 들려오는 존재 확인의 절제된 소리와 주홍글씨가 미학적 원근, 색채, 음색, 그림자를 거닐고 배합, 조화된다.

비우고 털어내고 내려놓고 여백의 사색, 조정된 그만의 행간과 안으로 소리치는 광장이 있다.

숱한 고난과 애수의 이민 생활의 과거를 응시하고 현실을 직시하고 미래를 조준하는 눈과 귀의 오관 작용이 믹스되면서 마음에 이는 바람, 삶과 의식, 자화상을 통해 가슴속 별로 뜬다.

일생의 목적은 노년에 문학을 안고 단 한 가지로 매일의 삶 속에서 하나님을 경험하고 그 증거를 만드는 일이라고 장로와 권사 부부는 말한다.

마침내 터진 사막의 유전, 넘쳐 흐르는 시의 오아시스, 따뜻한 사람들의 주변 이야기로 충만하다.

그리움, 기다림으로 고뇌하는 삶의 향기가 있고 바람이 부는 것은 누군가를 갈망하기 때문이다.

새벽은 새벽에 눈 뜬 자만이 보고 슬픔은 슬픔을 아는 자만이 나눈다는 실존적, 철학적 사유 속에 민유자는 시를 쓰고 작품을 창조한다.

민유자의 허심탄회하고 솔직 담대한 작품 세계

작가에게는 누구나 대표작이 있다. 김소월에게 '진달래', 황순원에게 '소나기', 김소운에게 '외투'가 있듯이.

그렇다면 민유자의 대표작은 과연 무엇일까. 필자는 서슴지 않고 그의 대표작을 '왕도 안 부럽소'로 천거한다. 시의 우열에 앞서 그의 기상천외한 시적 발상과 참신한 아이디어를 높이 산다.

신문학 100년 사에 이처럼 부귀영화를 초개처럼 저버리고 문학 일변도의 기울인 고결한 시인의 프라이드는 드물다.

노작 홍사용의 '나는 왕이로소이다'의 시가 있지만 그는 왕을 예찬한 차원의 시를 썼음에 민유자는 왕의

영좌도 '무관의 제왕'인 시인에 못 미친다고 갈파하고 시인이야말로 천의무봉의 자유와 평등, 사랑의 목탁 소리를 낸다고 무아의 도원경에 빠진다.

시인이 됨으로 천하를 호령하는 왕도 부럽지 않다고 했다. 가히 입신의 경지로 이제 그의 천진난만, 순수무구의 시를 본다.

저 멀리
문학이라는 늘 푸른 큰 숲이 있었어
그 숲에는 수많은 보배와 기적
무궁무진의 신비한 이야기가 있었지만
가끔 바라만 보았지
그곳으로 감히 발길을 들여놓지 못했어

코앞만 보고 허덕이며 달려온 이순
어느 날 새삼 보이느니
내 터에 나무들이 나고 자라서
조롱조롱 열매를 맺고
난 절로 이미 숲속에 들어와
비원의 주인이 되어 있었네

이 숲의 열매들로
떡을 찌고 술을 빚고

풍성한 향연을 베푸니
숲의 향기로 즐거웠고
숲의 노래로
무한 행복해졌다오

이 문학의 숲속에 오두막을 짓고
여기에 누워 사지를 뻗으니
세상에 무얼 더 바라리오
내사 이제 왕도 안 부럽소

– 시집 제6부 '왕도 안 부럽소' 참조

오래전,
그와 난 행복과 꿈을 몽땅 저당 잡히고
일방통행의 긴 구름다리를 건너왔네
아름다운 나라로

올 때는
당찬 각오로 화려한 풍선을 안고 왔지만
구름다리가 끝나자 우린
사막에 신발 없는 여행자였네
망망대해에 조각배를 타고 있었네

오자마자 깨달은 건
우린 한 발짝도 뒤로는 물러설 수 없는 몸
어떻든지 이 바다를 건너야지
다른 수는 없었네

노을이 물드는 잔잔한 물가에서
아직도
귀머거리 반벙어리 청맹과니를 다 벗지 못한 우린
젊은 독수리의 봄소식에 웃는다

아름다운 석양은 말하네
꿈도 행복도 찾는 게 아니었다고
처음부터 항상 곁에 함께 있었노라고

– '아름다운 석양은 말하네' 전반과 후반

희비애락을 넘어선 아름다운 석양, 절대절명, 진퇴유곡의 처지를 회오하는 회고의 시.

문화, 풍속의 충돌을 담담히 받아든 좌절도 포기도 절망도 없는 순명의 노래.

듣기에 생소하고 말에 어설프고 보기에 낯선 이민의 애환을 '삶의 찬가'처럼 읊어낸 이 시인의 고고한 자세가 도통한 선인처럼 돋보인다.

꿈도 행복도 찾는 게 아니라 처음부터 항상 곁에 있었노라.

행복을 찾아 떠났지만 행복은 끝내 아무 데도 없어 제자리로 돌아왔다는 어느 시인의 시와 상통한다.

창밖에서 가만히 엿보았겠지
책을 덮고 불을 끄니
달빛이 성큼 들어와
방 안에 가득 고인다

달빛의 미소에 이끌려
뜰에 나서자
추녀 끝에서 밝은 달 한 조각이
가슴속으로 툭 떨어져

잘리고 부서진 조각난 삶들이
싸고 들어앉은 고치집에
불을 켠다

비단 실자락이 달빛 타고 흐른다
손끝에서 발끝에서 너울거린다

점점 더 신명 난 춤사위는

그저
가슴속의 달불이 사윌 때까지
비단 은실을 차가운 밤하늘에
뿌려 흩는다

– '달밤에 춤추는 여자' 전문

향수와 여수, 애수가 함께하는 고독한 여인의 방.

잘리고 부서진 산산히 조각난 이민의 삶 속에 '달불'이 방으로 들어와 사윌 때까지 신명 난 춤사위.

밝은 달의 한 조각이 치마 밑으로 뚝 떨어져 빈 외로운 가슴에 유혹의 불을 당긴다.

맨발, 맨몸으로 달밤에 미친 듯이 황홀하게 춤추는 여자.

이 시인에게는 세상의 규율이나 체면, 도덕을 초월, 강렬한 미의식에 젖는다.

반쯤 눈 먼 나
아침마다
고마운 안경을 정성스레 닦는다

때

먼지
얼룩

어젯밤 늦게까지 잘 썼던 안경이다
이렇게 더러운 걸 쓰고 있었나

차라리 눈을 감고
보지도 말고
아무 일도 하지 말걸

– '후회' 전문

소나기가 쏟아지면
서둘러 옷을 벗고
알몸으로
풀밭에 나가고 싶다

불호령 듣고
뒹굴며
매 맞고 싶다

소나기에 씻긴 조약돌처럼
말간 얼굴로

무지개를 보고 싶다

— '소나기' 전문

책갈피에 넣어둔
작은 풀꽃 한 포기

화려하지도 않고
번듯하지도 않지만
아름답지 않은 건 아냐

산들바람에 춤추던 정교한 매무새에
섬세한 물길의 돋을새김 흔적이며
흙에서 젖을 빨던 세세한 실뿌리까지

눈을 씻고 다시 보니
한 생애가 담겼구나

— '눈을 씻고' 전문

이 시인의 대표적인 단문시 '후회', '소나기', '눈을 씻고' 세 편을 본다.

인생훈의 격언 같은 시, 종교적인 잠언 같은 시. 신랄한 풍자와 해학, 일그러진 자학과 매서운 자탄의 소리.

단시 가운데 인생, 세상사의 섭리, 이치가 메타포되어 심금을 울린다.

세상만사의 인정, 물정, 세정이 일시에 반면교사처럼 반사된다.

어젯밤 늦게까지 잘 썼던 안경/이렇게 더러운 걸 쓰고 있었나/차라리 눈을 감고/보지도 말고/아무 일도 하지 말걸.

때, 먼지, 얼룩의 전염된 자신을 가차없이 질타하고 고발하는 소리.

소나기가 쏟아지면 알몸으로 풀밭에 나가 뒹굴고 매맞고 싶은 참회의 욕구 속에 눈부신 무지개를 보고 싶은 이중불문율의 이율배반적 심리가 묘한 하모니를 이룬다.

눈을 씻고 다시 보니/한 생애가 담겼구나.

책갈피 속에 넣어둔 작은 풀꽃 한 포기에서 지나간 소녀의 환상, 삶의 고비를 넘어온 중년이 '아름답지 않은 것은 아냐'라고 귀엽게 도래질한 이 시인의 삶에 대한 순한 긍정이 아름답다.

몰래 씨를 뿌린 자 누구요
넓지도 않은 내 마음의 밭뙈기

내가 알지 못하는 사이에
예서 제서 싹을 내밀고 뿌리를 뻗어
솎아내고 잘라내어도 속수무책
점점 깊이 뿌리를 박으며 나를 조여
숨이 막히오

누가 이 말뚝 좀 뽑아주오
이것들 때문에
평안한 밤을 보내지 못한다오

꽃도 열매도 아니면서
빠르게 번지며
번들번들 무성하고
독무대를 만드는구나

옮거니 물길을 막자
부단히 참으며 죽은 듯 마르자
가벼워지자

그다음에
몽땅 갈아엎고

새 밭을 일구자

— '내 비밀의 정원' 전문

여자에게는 자기만의 비장하고 즐기는 꿈같은 낭만과 비밀이 있다.

여자에게는 자기만의 소유하는 꿈같은 고요한 속삭임, 비밀의 장소와 사색의 시간이 있다.

이 시인에게는 아무도 들여다볼 수 없는 비밀의 정원, '넓지도 크지도 않은 내 마음의 밭떼기.'

내가 공들여 가꾼 비밀의 정원에 몰래 들어와 말뚝을 박는 자 누구요?

기절초풍할 귀여운 요조숙녀의 모습. '누가 이 말뚝을 좀 뽑아주오.'

애교와 응석이 철철 넘치는 역설법으로 사랑의 침입자를 나무라고 안는 미화법이 아름답다.

난 양파가 싫어

곱고 매끄럽게 둥근 모습에
선뜻 다가가다가도
한 꺼풀만 벗기면

눈물 나게 찌르는 냄새가 싫어

씨도 없으면서 뭔가 있는 듯
맑은 얼굴로 웃고 있지만
겹겹이 싸고 앉은
앙큼한 그 시치미가 열나게 싫어

벗겨도 벗겨도 한 점 푸르름 없이
하얀 살만 드러내어
진한 피 한 방울도 안 나오는

남의 살 기어이 다 벗겨 먹고
열나게 미워하다가
문득
내 껍질은 질기게 못 벗고
겹겹이 누더기 옷만 걸친 나를 봤다

죽을 만한 각오로
질긴 허물을
한 꺼풀씩
양파처럼 훌훌 벗어버려야겠다

— '양파가 싫어' 전문

양파의 생리를 리얼하게 잘 그려냈다.

벗겨도 벗겨도 피 한 방울 안 나는 양파.

벗기면 벗길수록 하얀 살만 나오는 양파.

신라시대 불교에 순교하면서 '내 목을 자르면 붉은 피 대신 흰 피가 쏟아질 거라던 이차돈의 고사를 생각게 하는 고차원의 시.

남의 살 기어이 다 벗겨 먹고/열나게 미워하다가/문득/내 껍질은 질기게 못 벗고/겹겹이 누더기 옷만 걸친 나를 봤다.

몸서리칠 만하게 자신의 추악한 내부를 들춰내는 시인의 가혹한 고해, 처벌과 형벌을 본다.

맺으면서 : 민유자의 문학세계를 위한 새로운 조준과 미래의 조감도

세월의 꽃들이 불을 켜고 일제히 가슴을 후벼내며 심장을 토하며 민유자의 미래를 향해 꽃시위한다.

깊고 곡진한 시의 미학, 삶의 뼛속에서 우러나오는 정갈하고 따뜻한 영혼의 소리.

그의 주위에는 범상치 않은 테마와 은근한 소재가 있어 황금벌판에서 문학의 이삭을 주워 올려 문학이라는 소쿠리에 담는다.

날이 저물어 아기자기한 작은 꽃초롱 불이 새벽을

열면서 영혼의 떨림으로 온몸이 시의 화신으로 승화한다.

우리는 그의 시가 더욱 당차고 야무지고 알찬 귀여운 시로 빛과 그림자, 소금이 투영되는 이민 식탁에 단란하고 풍성한 메뉴가 되기를 바란다.

유명세 타는 시인이나 문인보다는 가까이서 숨 쉬는 사랑과 연민, 위로의 시로 외로운 이민자에게 친근한 벗으로 자리 잡기를 바란다.

'나를 위해 부르는 민유자의 노래'

이것이 시인 민유자의 전부요, 미래의 청사진이요, 부감도이다.

연극 '햄릿'으로 유명한 세기적인 극작가 셰익스피어를 영국은 인도와도 바꾸지 않겠다고 했다.

제왕도 부럽지 않다고 세상에 대고 호소한 천하 무욕의 청정한 시인이며 수필가, 소설가인 민유자의 기백과 일맥상통하는 말로 미래에 새롭게 전개되는 민유자 문학세계가 본격적 심오한 이민문학으로 '뿌리 깊은 나무', '샘이 깊은 우물'이 되었으면 하는 바람과 능히 해낼 것으로 믿으며 발문을 가늠하는 바이다.

— 동창이 밝아오는 여명 소릴 들으며 만추에

왕도 안 부럽소

초판 1쇄 인쇄 2018년 3월 2일
초판 1쇄 발행 2018년 3월 7일

지은이 민유자
펴낸이 金泰奉
펴낸곳 한솜미디어
등록 제5-213호

편집 박창서 김수정
마케팅 김명준
홍보 김태일

주소 05044 서울시 광진구 아차산로413
(구의동 243-22)
전화 02)454-0492(代)
팩스 02)454-0493
이메일 hansom@hansom.co.kr
홈페이지 www.hansom.co.kr

값 7,000원
ISBN 978-89-5854-115-8 (03810)

* 이 책은 아모레퍼시픽의 아리따 글꼴을 사용하여
편집되었습니다.